JN418618

꽃잎 고래

꽃잎 고래

이주언 시집

詩와에세이

2012

차례__

제1부

제2부

제3부

제4부

제1부

봄눈 뿜어내다

한밤중
나무의 맨살에 눈 내린다

청동방울 흔들며 뿜어내는 냉수 한 사발

열려라, 꽃문 열려라
하얀 주문을 왼다

그 소리에 잠 깨어 뒤척이는 사람들
한산춤 북소리로 어지러이 출렁인다

먼 강엔 엉덩이 치켜들고
자맥질하던 달빛,

하—얀
고요의 소란에 갇혔다

하얀 모자이크

첫눈이 와요 한 아이가 시베리안 허스키 쓰고 왔어요 헝겊모자 허스키가 학교로 놀이터로 게임방으로 쏘다니다가 그림동화 의자에 척 엎드려요

리라를 뜯으며 허공에서 놀아요
요람을 기어나온 아이가 암소의 내장 주—욱 빼내
암소 울음을 내장한 배꼽부터가 시작이었지요
제단으로 가는 뱃길
흰 소, 검은 소, 누렁이가 나란히 배열되자
죽음의 참혹한 화음이 참 고와요
그 소리에 이끌려 거북이 달려와요
거북 속을 파내고 암소의 내장 가닥가닥 걸어요
태양을 막아서며 흩날리는 암소의 울림
엄마가 부르는 소리 같아요
엄마의 천년 전 유골 속으로 얼음장 들추고 들어가요 태아처럼 몸을 구부려요

눈밭을 쏘다니던 기억이 허공의 현을 뜯고 있어요 뜯기는 내장, 모자이크 화음으로 쏟아져 내려요 썰매를 타며 밥그릇 뒤엎으며 엄마의 속 뒤집던 시절은 가고 없어 목줄 매인 시베리안 허스키 고개 치켜들고 광— 광— 허공 울려요 목울대 뜨거운 것들이 하얗게 부서져 내려요

꽃잎고래

어느 먼 행성과 네 어미의 배꼽이 깜박깜박 교신하던 푸른 밤, 너는 눈감고 은하를 건너왔을 테지만, 몸속 피리를 불며 한 생을 세우려 했겠지만, 수중 타전에 실패했거나 지상에 떨어진 꽃잎으로 굴러다니거나

그때 나는 그림자놀이에 빠져 바닥에 떨어진 꽃잎 한 장 주워들었지 몸속의 물기 모두 짜낸 암호를 바라보며 맥없이 떨어져 내린 것들을 천천히 통과하고 싶었네

꽃이 떠난 나뭇가지는 빛의 모서리에 서서 환상통을 앓을 것 같은데, 꽃잎 한 점 씹을 때마다 너는 한 점의 통증을 온몸으로 느낄 것 같은데, 얇게 저며져 지상으로 떠도는, 그 무슨 냄새로 가득한 꽃잎 씹으며, 이 향기로운 깊은 전언이 무얼까 생각하였네

지상의 재앙을 감지한 듯 아가미 얻기 전에 바다로 가버린, 너의 조상들이 가꿔온 꽃밭일지도 몰라 바다를 향

해 지느러미처럼 파닥이는 두 팔을 벌리고, 서로의 어둠 끌어안으면 서로의 살점 곱씹으면 휘릭~ 휘릭~ 귓속말이 울려오는

흑장미 같은, 고래육포 한 잎을 씹어보았네

공중정원

—조장(鳥葬)

달이 몰락한다고
집 한 채씩 그녀의 몸 빠져나갈 때마다
지주사원 독수리는 목이 움츠러들어

잘게 쪼개진 아홉 번의 식사
아홉 번 박차고 올라, 아홉 번 하늘을 선회하며

늙은 어미는 마니차를 돌리며
가거라 훌훌 벗고 떠나라
나선형 계단을 딛고 몸이 둥싯 떠올랐으니
첫눈의 퍼레이드처럼 너는 몇 조각으로 펄펄 날고 싶은가

조각조각 간절했던 마음 허공에 흩어진다
깜깜하던 문 조금씩 열리고
공중정원 사진관에 걸리는 새 얼굴들

달이 몰락한다고
집 한 채씩 그녀의 몸 채울 때마다
지주사원 독수리 몸은 부풀려지고 가벼워지고
영혼을 실어나르는 일은 도끼날 부리에서 출발하고

잘게 부수어진 영혼들 바람에 뒤섞여
혼음과 존엄의 축제장 떠올랐으니

살점 하나 남김없이 먹어주겠니?
산꼭대기 둥구는 해진 속옷의 마음으로도
완전한 소멸을 원하는 거야

목을 졸랐다 풀었다 자꾸 태어나는
둥근 정원에서

화산(花山)

저 사내의 어미는 금가루 목욕의 창시자
한때 백월산 남사 목욕통으로 솔숲이 온통 들끓었다는데요
잘게 부순 황금달빛이 지상을 오래 떠돌다
가끔은 지하상가에 들이치기도 한다는데요
*물소리 새로운데 길 잃어 잘 곳 없어라***
계단에 앉아있는 저 사내
난초향 사향 풍기던 여자 생각에 우두커니
구걸 바구니 바라보고 있는데요
한 계단 더 오를까 허리를 더 숙일까
쨍그랑 동전소리 날 때마다
한 병 소주 생각에 두 눈 반짝 빛나는데요
*내 청만 들어주시고 누구인지 묻지 마오***
바람 한 조각 들이켜며 허기를 누르는데요
땀내가 사방으로 퍼지는 여름날 저녁
더 잃을 것 없는 마음 아이같이 바닥을 구르는데요
그에게서 금빛 물결 일 것 같아

앉은 자리 연꽃이 필 것 같아
*길손이 누구인지 묻지 마오***
신발 한 짝 들이밀고서 누군가 배낭을 털어 건네준
담배 반 갑, 사탕 몇 알, 지폐 하나에
깔고 앉은 신문지가 꽃봉오리로 꿈틀거리는데요
백월산 연화대에 오른 꿈속에선
꽃방석 구름을 타고 떠다닐 것만 같은 그날은 보름이었는데요

* 화산(花山): 경남 창원시에 있는 백월산의 다른 이름
** 『삼국유사』「탑상」 제4에 나오는 게송 변용

버

새가 되려다 만 남자 어둠의 품에서 날개 꺼내 입는다 고비사막 건너 울란바토르 지나 순록의 뿔에서 일렁이는, 아버지의 전생과 후생이 몰려드는, 프랙탈 물방울로 여기까지 튕겨와 울 아버지 벽만 보고 앉아계시네 손차양하고 멀리서 봐도, 현미경 들이대도 비루한 길목 먼 기억 끌어당겨도, 태양의 배를 갈라도 유사하게 타는 생애들 신의 말씀 끌어내리는 당신의 날개 난해시로 서정시로 표현되기도 하는, 때론 억지 때론 강신으로 해석되는 당신이 쓴 묵시록엔 곰팡이꽃 피었습니다 누더길 입고 머릴 흔들며 북채를 후려치는, 고산의 어둠이라야 날개 가벼워지는, 퍼덕퍼덕 떨어져 내리는 깃털 혹은 천형 혼해빠지거나 알아들을 수 없는 처방전 난무하는 세상 노출되지 않은 말씀 찾아 헤매는 유사 버와 삼류들 기준이 모호해 다시 알타이 지나 타클라마칸 지나 조로아스터에 이르는 당신 불가해한 인간 행적을 차마 떠나지 않는, 먹은 음식이 쉽게 흘러내리는 내장 속 뒤틀리는 움막이 신의 유일한 안식처 몸의 멜로디에 절로 흔들리는 신전과 발바닥 소가죽 북소리에 민감한 당신 견고한 벽을 뜯으려 다 닳은 날갯짓 벽 속의 울음이 떼 지어 날아오르면 고통이 사라질까요? 외로이 접신 중인 아, 버지

* 버: 몽골의 박수

갈비뼈 구름

폭우의 꼬리가 문틈에 걸려 퍼덕이고 있어요

젖은 새들은 나무의 늑골 사이로 숨어들었고 언뜻 내비치는 하늘에 갈비뼈 구름 한 짝 떠있네요 갈빗대 같은 빗줄기를 머금고 있어요

소강상태를 틈타 흰 나비 두 마리가 나선형 실타래를 풀며 날고 있어요 붉은 피를 뽑아내면 우리 몸도 저리 환한 갈비뼈무늬 날개로 하늘에 오를 지도 몰라요

갈비뼈 구름 사이로 은행잎을 '팃' 이라고 명명한 아이들이 보여요 지상의 색채를 모두 뽑아 올린 곳에서 하얀 손으로 무채색 노래를 덧칠하고 있어요 아이들의 갈비뼈는 허약하지만 그들의 노래는 힘센 사내의 갈비에서도 혈액을 제거하지요 그들의 열망은 구름처럼 가볍고 구름처럼 무거워요

꾹 다문 아이들의 입술, 잠시 비 그치자 흰 울타리 위로 선홍빛 줄장미 흘러내려요 아이들이 내던진 핏덩이인지도 몰라요 무채색 세계에서 쫓겨나온 붉은색을 보면 원초적 식사를 하고 싶어져요 혈액을 벌컥벌컥 마시

던, 선조들의 제의(祭儀)를 받들고 싶은 유전자가 우리의 갈비뼈 속에 있었던 거지요

또다시 소낙비 퍼부어요 저수지가 터져 TV화면을 넘쳐흘러요 툭툭 터지는 대지의 정맥, 농부들은 장대를 밀며 배를 타고 논을 건너다녀요 떠내려가는 나무둥치의 비명 초록을 잃었어요 사람들은 떠내려가지 않으려고 난간을 붙잡고 버둥거려요 그들의 건축물도 이제 갈비뼈만 남았어요

아이들이 그리는 도화지는 점점 태초의 색으로 칠해지고 있겠지요 다 지우고 나서 아이들은 맑은 물 뚝뚝 떨어지는 정육점을 차릴 것 같아요 그곳의 천장에서 갈고리에 걸린 채 조용히 흘러가는 갈비짝이라도 되면 좋겠어요

마술사의 달

검은 모자 쓰고 복화술사처럼
눈빛으로 말을 한다 검은 옷깃 매만진다
자 여러분, 이제 마술의 세계로!
손바닥 위에 하얀 구(球)를 얹고 빙그르 돌린다
무대 가운데로 천천히 달이 떠오른다
하얗게 여울지는 물결들
찰방, 달 속에 손을 집어넣는다
그리움의 분화구 한 장씩 끄집어낸다
아버지의 금 간 술잔 공중에 던져두고
양수처럼 쏟아졌던 사랑은 붉은 천으로 너울거리고
순진했던 엄마, 달빛 입자로 흘러내린다
사라져버린 것들 환하게 불려나오자
내 몸이 궤도를 따라 돈다
분화구 한 장으로 접히는 내 몸의 꽃송이
가시 끝에 물방울 맺힌다
흰 손바닥이 그리움의 가시 쓸어내린다
깊은 이별은 믿고 싶지 않아

선 채로, 쏟아지는 달빛 쇠사슬에 감기다 달빛 너울에 감기다

빙그르 돌며 천.천.히 달빛에서 풀려난다

봄, 사생아를 낳는

봄은 정말 냄새나는 동물이야 기어이 내 심장으로 기어들어 사생아를 낳게 만들어

풍문으로 시작되는 그의 체취를 맡으면 현기증이 나네 아비는 80년대 봄이다가 90년의 봄이었다 이천 년대 염치없는 한량이야 이별의 문신 아로새긴 향기로운 얼굴로 나를 들여다보며 웃고 있어 한때 나였고 그였던 퍼즐 조각 같은 너를 사랑아, 하고 부르면 모니터 켜고 전자음악을 튼 네 작업대에서 광양자와 전파와 메탈이 목을 조르며 꽃 피우는 세상 이런 날 내 목소리 온전히 지켜낼 수 있을까? 너는 아비였다 아들이었다 어쩜 해마다 다른 붕어빵이니? 똑같은 술수로 꽃 피우며 꽁지깃을 세우는 수탉이니? 해마다 나는 환호하며 속는다 화면 가득 매화꽃이 피었어 안경 너머 차창 너머 컴퓨터 너머 티브이 너머 굴절될수록 아름다워 보이는 세상을 이제 더 믿고 싶어 그런 시선들이 너를 위대하게 만들었다고 언명하는, 음흉한 낭만마저 없어진 이 시대의 봄이 한껏 몸을

부풀리고 있어

그 여자의 출산예정일은 사월이래, 너무 빠른 실연이 지 않아?

베어먹는다

잉걸불 같은 복숭아
즙을 흘리며 베어먹었죠
파닥이는 생쥐를 앞발로 꾹 눌러 뜯듯

속으로 타오르던 사념(邪念)을, 오늘은
칼날 세워 저미지 않았어요

깔끔하게 쿨—하게 저며놓으면
예각을 세워 군무를 펼치던 복숭아 조각들
접시 위에선 발가락 쓰려도 웃더라구요

그들도 무대를 벗어나서야
원시의 맨살로
앞니 문양을 온전히 품어 안지요

여기저기 뜯기는 상처
야성을 꺼내들고 복숭아 베어먹는 여자의

눈빛이 번득일 때
도둑고양이 쓸쓸한 발톱이 가려워요

몸 밖으로 드러내고 싶지 않았던
발톱 오므리고 고백하건대

언제부턴가 우리의 송곳니가 사라졌어요
이제 나의 종족은 생쥐를 찢어먹지 못해요
육즙 줄줄 흘리며 복숭아라도 베어먹고 싶은
그런 때가 많아지니 어쩌지요

영암사지

땡볕을 몰고 돌진한다
긴 세월 묻어둔 금지구역을 향해
곁눈질 먼저 날려 넣는 사내
관음의 몸통 구겨넣는다
돌의 혈관 미세한 주름을 접어
파란 돌꽃이 핀다
달개비 벌어져 살내 풍기고
주홍치마 걷어 올린 산나리가 낭패 떼를 쏟아
관음보살 이마가 땀에 번들거린다
불끈 힘이 드는 사자 엉덩짝
석등을 받쳐 드는 영암사지(靈岩寺地)
천년 가도 발굴되지 않았던 영암사지(永暗死地)
재우는 수음과 깨우는 소음, 석공의 손길 분주했을 영암사지(營庵事地)
패를 돌리며 둥근 달빛 띄우던 한때
이글거리며 은빛 처마 황금 나발을 칠하던 한때
조아린 신도가 수천이던 한때

둘러싼 골산을 호령하던 한때
다 살아나 실핏줄 툭툭 불거지는 도행(倒行)반야경
절터를 깔고 앉은 여승(女僧)이 아득히 들려주는 도행(道行)반야경
사내와 뒤엉켜 은밀한 풍경
풍경의 모반이 뜨거운 칠월 한낮
천년 전 매미가 울고 있다

거풍

—이장(移葬)

오래된 책을 꺼내 말립니다
습하고 어두운 책장에서
바람과 햇빛 속으로 옮겨놓았습니다

잊었던 체취 한 페이지씩 넘기며
당신 몸을 짜맞추어 봅니다

칠성판 위에서
발가락 몇 개, 늑골 몇 가닥 보이지 않듯

몇 군데 책장 삭아내려도
바람은 당신의 의미를 찬찬히 읽어내립니다

그제야 드러나는 오랜 침묵

나의 하늘에 있던 당신 별자리가
햇빛 속으로 사라질 때

바람이 내 몸속으로 흘러갑니다

쓰윽,
책장 넘기며 그리운 얼룩을 만져봅니다

옹관묘

한때는 밀알을 담았거나
굶주림의 공포를 담았을 항아리
입술과 입술을 포개어
살아온 날들과 살아가야 할 날들을 포개어
집을 만들었네
후두둑 움집으로 빗물 스미던
지붕을 드나들며 바람이 노래하던
몽골몽골 살 내음 피어오르던 아내의 집을 버리고
땅 깊은 자궁에 누워 흘려보내는 끝없는 전신(傳信)
—살아라 살아라 죽어서도 살아라 네 몸속에 내 불안의 피 뜨겁게 돌고 돌아라
수천 년을 어머니의 어머니의 어머니를 통해
그 한 끝이 나의 탯줄에 이어져
한없이 밀려오는 두려움의 자양분
골방에 웅크리고 탯줄 빨아먹는 것이
껍질 뚫고 다시 태어나야 하는 것이
네가 아니었구나

이제껏 너의 무덤이라고 생각했던 곳이
실눈 뜨고 있는 나의 집이었다니

월식

달을 베어먹는다
점점 불러오는 아랫배

네모난 창틀 안에서
아기의 전설이 상영되는 보름밤

발가락 문드러진 늑대들이
강강수월래
꼬리를 물고 탑을 도는 동안
사하촌 아낙들 함지박 이고
젖은 발로 산길 헤쳐가는 동안

창가에 기대어
천. 천. 히
세상의 빛을 씹어 삼킨다

뜨거워진 속을 어쩌지 못해

신들린 무녀처럼 칼을 빼어들지도 몰라
어둠의 뱃속에서 자라는 너는
무력한 빛의 씨앗이니
단칼에 목이 잘려나갈지도 몰라

형체가 서서히 지워지는
나무와 나무
너와 나의 경계를 지우며
어둠의 거대한 입속으로

사라지는
한때

누드

그녀는 거대한 성이다
누구도 쉽게 들어설 수 없는 성문 앞에는
물푸레나무 상수리나무 단풍나무
생목들의 욕망이
무거운 공기 속을 떠돌아다니고
견고하게 닫힌 생명의 문, 모호한
음모에 싸여있었다
나무와 풀, 나무와 새, 사람과 사람
경계가 사라지는 원시의 시간 오면
숲의 정령 깨어나 횃불을 든다
한 줄기 달빛 쏟아져 들어오고
그녀의 심장에 불이 켜지고
대리석 같은 허벅지가 열린다
발끝까지 환해지는 몸
새들이 늑골 사이로 날아가 알을 낳고
사람들은 편견의 외투를 벗으며 악수를 한다
알에서 꽃이 부화하고

풀벌레소리 떡갈나무 가지에 핀다
성의 깊은 곳에서 울려오는
아득한, 혹은
선연한 북소리 들으며
지층이 한번 두텁게 흔들리고
작은 풀씨 하나 땅에 묻힌다

제2부

악어의 숲

터널 속을 더듬거리며 걸어봐 그 큰 궁륭을 지나보면 알 거야 고래 뱃속을 긁는 손톱의 통증 같은 거 맹그로브 숲에서 딱딱한 거죽을 뒤집어쓰고 진흙탕 헤쳐 하루를 넘어가는 일 가로놓인 나무둥치 건너가는 일 액셀 힘주어 밟아도 속도가 나지 않는 샌드바이크처럼 눈물 느리게 흘러내리는 그런 생리로 저곳까지 당도할 수 있을까 단단한 턱으로 암사슴을 물고 힘껏 몸 뒤집는 시간이 올까 열리지 않는 세계를 눈 껌벅이며 천천히 가고 있지만 그는 지금 쌩쌩 달리고 있는 거야 저주파음 비명이 깔리는 저녁, 넙적한 꼬리를 흔들며 먹이를 향해 느리게 질주하는 엘리게이터 한 마리

무쇠 칼날로 가죽 벗기고 소스 곁들인 악어의 살점, 미식의 테이블 넘치도록 무성한 육식의 꿈

미리내아파트

지하 2층 출입구에 붉은부리갈매기 살고 있다

문이 열릴 때마다
꾸르륵 꾸륵 창자 꺼지는 소리로 복제된다
어둠을 긁어대는 발가락
지하의 음률은 깊다
빈속의 바다 신물 끓어오른다

19층 여자가 엘리베이터 열고 끌어올리는
한 봉지 감자에 고인 어둠은 19층 높이의 허공으로 흘러들고
지하층 떠올라 16층 열어 보일 때
마당에 구절초 피었다는 통화음 번진다
꾸르륵 꾸륵 16층 남자의 달팽이관 출렁거린다

층층층 솟아오른 갈매기떼 창문마다 박혀있다 별처럼 떼 지어 흘러간다 바닷물에 비친다 천 개의 파도에 찢긴

천 개의 날개 반짝거린다

기린초

문수암에 가면
백구와 누렁이 짖지 않고
봄볕 가릉거리는 소리 가득하지요

문수암에 가면
찔레 목단 고요한데
바람의 육체미 숨이 막혀요

주지 스님의 꽃밭엔
육욕을 떨치려는 꽃들의 묵언수행
기다림 떨치려는 기린꽃의 눈망울
그 속에 고양이 얼굴 하늘거리고

작은 꽃잎에 스며든 고양이 숨소리
고양이꽃이라 불러보니
발톱에 묻은 꽃들의 살점이 섬뜩해져요

코를 벌름거리며 바람을 씹던
기린초의 독경 절 마당에 뒹굴고
향기로운 짐승과 바람의 사생활 봄볕 홑이불 쓰고 엉
켜있어요

꽃들은 얌전해 보이지만
폭풍우 몰아치는 속을 가졌지요
뜨거운 제 속을 어쩌지 못해
제각각 다른 색의 무구를 흔들고 있어요

허공에 거주하고 싶은

삶은 기저귀가 옥상에서 펄럭인다

햇빛 올올이 박혀서 눈부신 기저귀
백자 물병을 허리에 차고 고비사막을 달리는 듯하다

민들레꽃 빛 아기의 똥을 받아내거나
달거리 소녀의 하혈로 젖던 불안, 혹은
자리에 누운 노인이 한 생의 후회와 절망을 쏟던

무명천 기저귀 몇 장
저리 환한 얼굴로 너울거린다

습한 동굴 속에서 구겨졌던 날들
기어코 어두운 삶을 견뎌온 것들이 하얗게 웃고 있다

누군가의 배설을 끌어안아야
파란 하늘을 배경으로 날개를 틔우는

제 속의 감옥을 허공에 매다는 일은 저렇게 눈이 부시다

깜깜한 동굴을 다 빠져나오면 또 다른 동굴이 기다리고 있는 기저귀 인생일지라도

가끔 제 누추를 빨아서 펼칠 수 있다면
모든 걸 떨치고 허공에 잠시 거주할 수 있다면, 하고 여자가 하얀 이를 드러내고 웃는다

Flower
—얼음 몸꽃

당신의 몸이
내 안에서 천 개의 꽃으로 피어나요

천 개의 이야기로 흘러들어
내 속에 물길을 트고
꼬리를 살랑이며 깊이 뿌리내려요

발바닥 간질이며 밀려드는 사랑은
바람 부는 언덕에 세우는 천 개의 마음 기둥입니다

사라진 제국들처럼 이 꽃들도
언젠가는 사라지겠지요

천 개의 꽃 빛으로
천 개의 욕망으로
천 개의 환희, 천 개의 어둠 속으로

제각각 만개한 슬픔에 취해
당신이라는 flower
서서히 녹아내리는 꽃물을
천 개의 마음으로 받으며 울었습니다

* Flower: 사진작가 김아타, 「아이스 모놀로그」의 후속 작품

발들을 생각한다

저수지에 몸을 던진다
찢어진 신발을 벗어던지고
자유의 몸이 된
투사처럼 살갗이 터진
사내의 발이
물속에 든다
달려온 길이 함께 빠진다
오르막의 가쁜 호흡도
넘어져 길바닥에 뒹굴던 절망도
박모의 빛처럼 잔잔해진다
한 뼘의 길이와 두 마디의 두께로
전신을 떠받쳐온 발의 집념
물속에서 향그럽다
지느러미 살랑이며 모여드는 금붕어들의
축제, 혹은 주홍빛 퍼레이드
못가에 나란히 신발을 벗어두고
머리부터 던져넣는 투신의 순간에

빛줄기 하나 내리꽂으며
서러운 석양이 발바닥 주물렀으리
이제는 평안하신가
다섯 장의 꽃잎으로 수면에 펼쳐진
물고기가 숭고하게 입질을 하는
하얗게 표백되는 발가락
가슴에 끌어안고 주무르고 싶어라
한 번도 보듬어주지 못한
약손의 마음으로 주무른 적 없는

바람의 발톱

나물을 캔다

바구니에
쑥 머위 쓴냉이 담겨질 때

산돼지 한 마리 휘—익
언덕 아래로 스쳐갔다

놀란 여자 뒤돌아서서 주변을 살핀다

산돼지 발톱 자국만 펄—렁
허공에 일렁인다

매화나무 아래 화르르
꽃잎 쏟아진다

고요를 파헤친 자국

바구니에 가득 담긴다

새살 돋는 가려움
긁고 지나가던

바람이었다

어쩌겠어, 블랙립

마음을 열어보면 누구나 상처를 품고 있지 입술 살짝 열면 적의가 왈칵 쏟아져 나올지 몰라 내 어머니에게 나는 지난한 상처 깊은 수심을 물질하는 해녀처럼 밝음과 어둠, 소란과 고요를 지나다니는 사람들 물속에서 줄이 툭, 끊기거나 중환자실에 누워있는 저 사내가 단단한 껍질 열고 상처를 심어준 너일지라도 적의는 항상 필요한 법 심장이 떨려 뜬눈으로 지샌 밤일수록 상처는 더 고귀해지는 법 너의 문장 삼키며 한 어둠을 키웠어 상어떼가 유영하는 길목을 지나와 바닥에 붙어있는 내 몸을 떼내 봐 고통의 무게 도려내 봐 네 피투성이로 너의 쾌락은 완성되는 거니까 아물 듯한 상처들이 첫 키스의 출구로 몰려든다 첫울음 터지면 내던져질 블랙립 어쩌겠어, 해저 깊이 가라앉아 진주조개잡이 노래들으며 온몸 물어뜯기겠지만 어쩌겠어, 물고기들이 음파를 보내며 짝을 찾고 있는데 상처투성이 사랑을 나누고 알을 낳고 또 서서히 죽어가겠다는데, 어쩌겠어!

* 블랙립: 검은 진주를 생산하는 조개의 한 종류

포도와 밀밭과
—사랑이라는 식욕

여우가 침을 흘린다 조만간 모반의 성깔에 검은 혓바닥 드러날 것이다 모바일 잇대던 구름다리 엿가락처럼 구겨질 것이다 말들은 몸을 뒤집고 사랑의 말조차 기뻐 삼키고 뱉고 배설하고 다시 주워 먹는다 너를 붙잡으려는 말은 길 밖으로 튕겨 나간다 자빠져 뭉개진 얼굴 이쁘다고 말했지 웃었다 아니 울었던가? 상처는 아물 것이므로 터질 것이므로 다시 폭염 속에서 튀어 오르네 잡힐듯하던 손을 내던지고 구름처럼 흩어진다 다시 올 것이다 시꺼먼 기적을 알알이 쏘아 올리며 거짓말이었다 황홀한 절규였다 그렇게 왔다가지 너는 불순으로 오는 생리혈이야 아니, 늙은 동백이야 아니, 검은 묘혈이 될 거야! 히히, 손가락 걸었던 검은 구덩이로 빠져들었지 히히, 뚜껑 덮이기 전에 기어나와 바짓단을 털었지 아니, 금속성 사막에 널브러져 있지 네 시가 되면 나의 몸 간절히 밀밭으로 전송되고 싶지 아니, 절대로 길들여지고 싶지 않지

문신

이 물가에 오시면 저를 찾으세요 저는 긴 혀를 가진, 말을 잃었지만 당신 몸에서 나오는 노래 훤히 들을 수 있어요 그 욕망의 화폭 가득 채워드릴 수 있어요 나의 손길 두려워 마세요 당신은 영원한 사랑을 부르지 않았나요 우린 날 때부터 운명을 거머쥐고 울었지요 지울 수 없는 사랑은 권태로운 것 사람들은 영원을 꿈꾸어요 잠시 몸의 노래를 꺼주세요 당신을 다 읽힌 것 부끄러워 말아요 뒷덜미에서 움직이기 시작한 뱀 한 마리 당신 엉덩이에서 짜르르 꼬리를 떨고 있어요 뒤로 갈 수 없는 독사의 몸, 앞니의 눈물을, 땅을 밀고 가는 뱃가죽의 긴 슬픔을, 숨어서 노려보던 두려움이 내 모가지에 올가미 씌웠지요 트실트실 바래어가던 몸빛이 지금 당신 등짝에서 선명하게 살아나고 있어요 이제 당신은 놓친 사랑을 거머쥐고 울던 이가 아니에요 새로운 노래를 틀어드리겠어요 욕망의 화폭 넘쳐나도록 영원한 사랑을 울려드리겠어요

터키산 만년필

그는 매일 열 시간씩 일한다 밤이 되면 하루에 쓴 잉크의 양을 거울에 비추어 본다 상상의 깃털 쓰다듬는 재두루미 한 마리 잉크 빛 속날개 활짝 펼쳐 보이기도 한다 거울 속에 이는 바람 공중에서 파문을 일으키며 이곳까지 불어온다

청동물병에서 붉은 물감 쏟아질 때
운명의 안과 바깥
숨어있는 틈을 훔쳐보았다
언제나 그는
하늘을 쏟으려 발버둥친다
캄캄한 속내를 들추어, 부리로
그 속을 파먹는다
주루룩 딸려나오는 하늘의 내장들
백지 위에서 재배열된다

몸의 기억력

햇살이 은사처럼 감겨있는 목련나무의 몸에는
이제 막 떠난 꽃잎의 몸이 선명하게 기록되어 있다
첫 만남의 설렘과 하얀 웃음과 뾰로통한 향기가 나무의 껍질, 물관, 자궁벽에 또렷이 새겨져 있다

새의 발가락엔 꽉 붙잡았던 나뭇가지의 질감이
내 몸에는 아버지에게서 풍겨나던 갯내음
배를 쓸어주시던 할머니의 꺼칠한 손바닥
네 몸의 문장들이 음각되어 있다

몸이 받아 적은 것들은
작은 파문이 일 때마다 절로 살아나
천년 전 주법을 기억하는 박물관 악기처럼

달빛의 어조로 바람의 문법으로 때론 칼금무늬로 음각되어
목련은 목련나무의 몸에 그들은

내 몸에 욱신거리며
있다

황혼여행

지는 몸들의 여행이 시작되었다
시모노세키 시모노세키 지명처럼 격한 감정 사라진 지 오래
그래도 시모노세키 항에서 첫발 내딛는다

배를 내리면 지나온 생이 울렁거려
처녀 적 가슴이 울렁울렁 되살아나요
당신은 입에 악을 물고
세상을 향해 나를 향해 독설을 내뱉고
씩씩거리며 잠든 얼굴을 나는 내려다보곤 했지

이제는 틀니를 끼고 헤벌쭉 웃는 당신
언제 당신이 내 지아비였던가 편리한 망각 속에서
당신은 나의 손을 잡아주네 내게 의자도 내어주네
누구신가요 나는 당신을 몰라

휴화산에 수증기 피어오르고

지나온 기억들 수증기처럼 정수리로 빠져나가고
누구신가요 이제는 당신들 알고 싶지 않아
차창에 머릴 박고 잠을 자네 풍경을 놓치며 자네

눈감으면 아득해지는 몸, 눈감으면 고요한 세상
그래도 가끔은 힘주어 눈을 떠봅니다
팔순 노구의 흐릿한 창으로
봐야 할 것은 봐야 하고
아직 살아야 할 것은 살아내야 하니까

낙엽들

옥상을 들여다본다
옥상보다 높은 곳은 없다

안마시술나무 녹스모텔나무 형제닭집나무 대성그릇나무 제일축산나무 M피시방나무 세븐일레븐나무 녹천탕나무…… 이름표 단 나무들이 비뚤배뚤 모인 빌딩숲

시끄러운 뜨거운 냄새나는 싫증 나는 배어있는 차가운 것들이
펄럭이고 고함치고 저울질하고 깨지고 고개 숙이고 애무하고 쥐어뜯으며 가장 높은 바닥에 날아올랐다

아무도 못 본 속을 꺼내 말린다
깊이 썩은 환부일수록 빨리 처방 받는다 때론 방치된다
씨방 깊은 곳 열어 일광욕할 때
관음의 눈길 예각으로 벌어지던 공중정원

비 오는 밤, 취기의 불빛 척척 늘어진다
풀풀 날리던 매연 괄괄하던 애인이 폐지처럼 스멀거린다

옥상에서 한 생의 자서를 완성하는
버려진 의자 소주병 펄럭이는 소문 꼬리뼈 영혼 눈감은 심장 한껏 부풀은 귓바퀴
가슴 삐걱거리며 찢어진 날개를 펼치고 있다

가을 옥상을 들여다보면 속이 타는 것들 뛰어내리기 직전이다

제3부

배추벌레 사원

쌈밥을 먹다
구멍 송송 뚫린 배춧잎
수도승 맨발이 굽이굽이 넘어갔던
잎맥을 본다
발등, 무릎, 가슴 내던지며
원왕생 원왕생 바닥을 기며
태양계 한 바퀴 돌아
느린 행보로
무수히 남긴 석굴사원
긴 행려를 본다

늪

갈대가 제 속을 비워 피리를 불고
새의 발자국 폭폭 빠지는
산속 웅덩이

그 곁에서
치마 한 자락 들어 올리며 얼레지 칼춤을 춘다
보랏빛 입술 앙다물고 바르르
바람이 분다

땅을 열고 들어가는 풀씨가
멈칫,
뒤돌아보는 저녁답

나는 길 끝에서
더는 건너가지 못하고
한 켜 한 켜 흙으로 덮이는
늪을 본다

아가, 돌아보지 말고 가거라
무덤에 바람이 쓸리고
느릅나무 새잎 흔들린다

늪에서 허우적이던 할머니의 생애가
문득 미심쩍어 뒤돌아보면
얼레지도 갈대도 새소리도 희미해지고
내 몸도 어느새 아득해진다

두 팔을 들어 올린 채
몇 겹 어둠 속으로 빨려 들어간다

먹이에 대한 경배

생선을 먹는다
맘껏 유영하던 바다를 떠나 몇 장의 지폐로 환산된 생
누군가의 몸에 드는 순간이 식탁에서 환하다

곤충, 뱀, 사람을
목숨 유지할 만큼만 잡아먹는 오스틀로이드*

거죽과 뼈를 챙기고 내장까지 버릴 것 없이 거두며
고기에게 감사와 축원을 올리는 종족이 있다

먹는다는 것은 누군가의 생을 다 거두어들이는 일이다
꼬리와 몸통 발라먹고 머리뼈까지 핥아먹는 게 생명에
대한 예의라 한다

먹는 것은
먹이에게 경배하는 일

사람을 먹는다는 것은
모든 생명에 경배하는 일이라고

자신을 살뜰히 발라먹는 누군가 있다면
감사한 먹이가 되어줄 사람들이

검은 착한 눈빛으로 한 말씀 건넨다

* 『무탄트 메시지』에 나오는 식인종 호주 원주민

소년의 아프리카

어둠이 자라는 동안 소년이 나고 자라서 바오밥나무에 초록 마당 들여놓았지
동그란 초록 마당 둥지로 태양은 매일 찾아와 잠들고

어둠이 쌓이는 동안 킬리만자로의 설원 녹아내리고
어른들은 염소의 내장을 목에 두른 얼굴로
저것 보라구! 지구를 떠도는 모래 폭풍을 보라구!
창을 든 채 외쳐대고

모가지 한껏 꺾어 소년은 밤하늘 올려다본다
별을 튕겨 땅따먹기 시작해볼까

케냐의 목초지 사라지는 동안 소년의 팔다리 가늘어지고 아버지는 탄환을 장전하고서
염소를 지키자 우리들의 염소를!
지상의 땅을 고집하고

별이 돋으면 염소떼 무더기로 쏟아져나와 밤하늘의 평원 돌며 풀을 뜯는데 밤새 반짝이는데

촘촘한 울타리 없어도 꿈을 놓치지 마
공중의 국경 쓱쓱 지우며 소년은 초록 마당 가득 씨앗을 뿌리겠지
밤새 어둠의 흔적 하나씩 추방하고 있겠지

고치잠

겨울 숲을 지나다 문득
집 한 채 주워든다
잎인지 집인지
오로지 한 가지 빛깔 한 가지 마음으로 빚은 건축물
무엇엔가 저항을 하겠다는 듯 닫혀있다
저항의 성이 함락된 듯 한쪽 귀퉁이 열려있다
열려진 자의 입은 깊고 적막한 구덩이
열려진 자의 몸에선 피리소리들
제 몸에 구멍을 내는 발효의 소리들
모든 기억을 공중에 남겨둔 채
한없이 추락하는 고치 속 겨울잠
꿈에선지 집에선지
피리소리는 시든 태양의 봉분에도 기포를 만든다
혹독한 추위는 굽은 손가락으로 종일 빵을 굽는지
오로지 한 가지 마음으로 빚은 냄새가
겨울 숲에 몰려다니고 흰나비떼처럼 몰려다니고
천지에 초록 온기 스밀 때까지

해진 외투를 걸치고 하염없이 건너가는 순백의 세계
오로지 한 가지 마음으로 빚은 건축물
이 깊고 적막한 숲에서 빵 굽는 냄새가

골무초

소식 전할 곳 없어 바늘 끝 더듬는다

어디를 찔러넣어야 신성한 천
당산나무에 잇댄 듯 푸른 별과 소통하듯 당신 가슴팍에 닿을 수 있을까

엄지손가락 힘주어 한 땀 한 땀
전신을 밀어넣는다

아가야, 빛이 보이니? 어둠을 다 지나 이곳까지 닿을 수 있겠니?
세상 마중을 나와 탯줄 잘라주셨던 할머니

호박넝쿨 따라 담장을 기어가던 저녁연기와
달빛 머금은 두루미처럼 앉아 무명천 동굴을 박음질하던 그림자
다 거두어가신

할머니, 빛이 보이세요? 어둠을 다 지나 그곳까지 가실
수 있겠어요?
도착 확인을 할 수 없는 배웅의 바늘귀
슬—쩍 밀어 넣었는데

해마다 희고 붉은 천 조각 잇대어
그래그래 아가야, 소식 매달아주신다

안민고개의 봄

장복산 골반에 벚꽃 띠를 두르고
엉덩이 흔들며 춤추는
남국의 여인

희고 가지런한 치아
햇살에 반짝인다

꽃잎과 꽃잎 잇대어 길을 내면
하늘 한쪽 무참히 잘려나가는데

훌라훌라 봄을 함께 가자고
두 귀에 속삭일 때마다
분내가 진동한다

나무껍질 같은 팔뚝
맨 허릿살 끌어당기면
파들거리며 떨어지는 연분홍 입술들

깔깔거리며 고갯길 굴러간다

수많은 꽃잎의 여자들이
한 생을 농담처럼 왔다간다

오랜 밥상

태양과 바람과 마주 앉는다
몇 날을 애써 차린 밥상에 수저를 들고
화무십일홍 백일홍 집어먹는다

부엌바닥엔 열흘 삼칠 혹은 백일 동안 펼쳐졌던 요리책이 다음 코스를 찾고 있다

비를 한 컵 마시며 뜯어먹는다
꾸덕꾸덕 말린 꽃잎의 날들 내 속으로 사라진다

햇빛 면발 후루룩 바람 들이켜며 엄마의 싱싱한 날 으깨어 삼키고 할머니의 목숨 소화되고 아이가 뽑혀져 나오고 젖을 물리고

시간을 발라먹은 내 속에 째깍거리는 식욕
거부할 수 없는
시시각각 밥상이 차려진다

베어먹으면
그만큼 돋아나는 시간

블랙홀 같은 그에게
오랫동안 먹히고 있다

화개(花開)

붉은 립스틱 칠한 할머니들 봄놀이 나왔다

뜬소문처럼 무성한 벚꽃 아래 앉아서
그랬디라, 그때는 그랬디라
지난했던 생의 순간들을 토해낸다
벌어지고 오물어지는 입술 사이로
생의 밑바닥 얘기들을 거미줄처럼 뽑아올린다

지하방에서 오래 닫혀있던 저 구멍들은
생의 끝에 다다라 열리고 또 열리고

왕— 왕— 귀를 막고 싶은 지경에 이르러 꽃 멀미
지나온 골짜기를 추억하는 바닷물처럼
쌍계사 벚꽃 터널을 지날 때에도
자동차의 안과 밖
절정의 순간들이 출렁거린다

당신은 마지막 정거장이 두려운가요?
절정으로 치닫는 생을 자글자글 입술로 까뭉개고 싶은가요?

벚꽃이 폭설처럼 쏟아지기 직전
그녀들의 이야기도 공중으로 둥싯 오른다
벼랑을 다 올라와 뒤돌아보는 눈빛과
쪼글한 입술 사이로
뭉게뭉게 꽃을 게워 올리는 여자들

다시, 목련

—어머니

차디찬 구들장 견뎌왔다
저 겨울잠에서 이 겨울 봉분으로, 누운 채 한 계절 건너왔다

이미 식어버린 아궁이에 대고
후우 후우 입김 불며 꺼질 듯 숨을 몰아쉬었다
그때 우리는 생솔가지 하나 꺾어오지 않았다

끄응, 아랫목 얼 때마다
불구의 아이들 품에 안고 허연 동공을 열어 보였다

얼음 속에서 얼음의 두께를 견뎌야 했던 우리는 차라리 동그란 구멍 속 빙어처럼 세상 밖으로 낚여 나오고 싶었다 죽음을 향해 폴짝폴짝 꼬리 흔들고 싶었다

링거병 달고 여린 햇빛을 투여하다가
이 악물고

병실을 나서는 어머니

두 팔 들어 올리자
메마른 팔뚝마다 저승꽃 같은, 이제 막 태어날 목련 꽃
눈들 매달려있다

겨울 노래

눈보라 치는 강
어머니 장구채를 놓지 마세요
주저리주저리 우리의 절망을 매단
어깨끈을 내려놓지 마세요
맨발로 칼끝을 밟고 가듯
빙판에 선 어머니 어깨 기우뚱거려도
우린 등에 매달려 낄낄거렸어요
눈발이 내 깊은 사랑처럼
단단한 수면 위로 휩쓸려 다니고
어머니의 노랫소리 하늘로 가
까마귀떼로 방황하고 있어요
내 손금에 피가 나요
보세요 빨갛게 노랗게 펄럭이는 바람과
땅을 박차고 오르는 발끝에서
이렇게 역동하는 그리움
눈물로 땀으로
전신을 휘감아 춤추는 소맷자락

거친 숨을 뱉으며
더 세게 장구를 두드리세요
신들린 기도
겨울 하늘이 유리창처럼 깨지고
언 강물에 비친 내가 떨고 있어요
귀를 막은 손바닥, 고막이 아파요
그리워 그리워
가슴에 쩡쩡 금이 가요

딱따구리 사랑법

두드린다 나뭇가지 두드린다 더 높은 나뭇가지
당신 안에 있나요? 어디 있나요? 어여쁜 벌레의 형상으로

두드리면 들릴 것이다 대답할 것이다 먹힐 것이다 터져 나올 것이다 곪아있는 우리의 삶이 터져주기를 그러나 잠시 두드리다 마는

우리는 볼록한 새가슴
누구나 사랑할 수 있지만 누구도 사랑할 수 없는
혼자서 톡. 톡. 제 내부만 쪼는 뜨거운 부리를 가졌지

허공에 번지는 배고픈 사랑의 동심원
속에 웅크린 마음을 모르는 당신

포기하지 말아요 한 포기 두 포기 햇빛은 당신 숨을 죽이려 하지만

오히려 안전한 겨울, 눈이 내려요 폭설 폭언 폭포처럼 쏟아지는 깊은 소리의 발자국 폭. 폭. 빠지는 오후는

컴컴한 그대의 하늘이 폭약처럼 터지는 오후는

안전하답니다, 그러니까 흐린 날은 정말 안전할까요? 묻는 당신, 믿음을 집요하게 구하지 말아요

두드리면 열릴 것인가 의심하는 새들과 책갈피에 끼인 채 결국 열리지 않는 새들은 모두 같은 형식의 답안을 허공에 새긴다, 라고 써봅니다

제4부

낙화

독설의 향이 퍼진다 길의 중심을 향해 서늘한 꽃말 던진다 이. 제. 그. 만. 하. 자 둘 사이에 깊은 해자를 파는 소리 이쯤일까 너를 증명할 수 있을까 밤새 흔들렸을 이파리 팔랑 떨어진다 오르다 멈춘 지점에서 난무하는 축제 애인의 살해와 공모의 가지를 꺾어 든 꽃들의 침묵, 영안실에 사열되어 있을 뿐 늦은 문상에서 토한 아집과 씹다만 자기최면 널브러져 있다 바위를 밀어 올리며 떨어뜨린 속내 물끄러미 밟아본다 금줄 매달고 몽연으로 쏟아지던 땀방울, 물컹 터진다 나비는 떠난 지 오래 한 뼘씩 사라지는 자벌레의 힘줄 한밤 내 퀭하게 노려보았던, 비누처럼 다 써버린 신의 프로그램 속에서 시든 촛불 모아들고 흙 한 삽 던지고 헐거워진 꽃들의 신발뒤축 바닥에 오래 엎드린다 바싹 타들어가며 대지의 귓불에 입김 쏟아붓는다 그러니까 난, 그. 만. 두. 고. 싶. 다. 구. 요

워싱머신, 봄

신춘 대 개편
경품이 쏟아진다
에어워시 버블샷 스타일로
와우, 쑥쑥 자라나는 두 시의 데이트
한때 소녀였던 여자의 좌심방에
물살 쏟아진다
맞아요 정말
차가운 카멜레온 껴입은 적 있지요
물살이 방향을 바꾼다
기름때 지워야 하던 시절
후후 아리따운 태양의 언덕
듬성 걸어둔 옷장은 이제 비울래
진달래 소매 쪽쪽 빨며
달큼하게 워싱머신
다시 봄이다
되돌아보면 사라질 듯
베드메모리 베드타운 검은 물, 물, 쏟아내는데

달팽이관 출렁이며 초원을 세탁하는데
싱글맘의 맘으로
누랑 누랑
기억하지 않아도 되는 걸
영원한 소녀의 맘으로
구질한 것은 질색을 하며
반색하는 세탁봉의 하얀 콧날이 핑그르
목련채널 주파수에 걸려있다

소신(燒身)

석쇠를 깔고 툭 불거지는 힘줄
한 뼘씩 열 받고 한 뼘씩 익어가는 바다에 앉아
수도 없이 철썩이는 당신 곁에 앉아

당신이 힘껏 익어주기를
힘껏 익은 형식을 집어 들고
두 개의 손가락 다시 일어서기를

절망도 살아있음을 증명해 보이기를
한 뼘씩 삶의 치수를 재다가

꼬리 흔들어 늙은 하루를 지운다
개발제한의 저녁이 도륙당할수록
자벌레처럼 일어서는
토막 난 양념장어의 저항 같은

한 뼘씩 사라질 듯 한 뼘씩 따귀를 갈기며

수도 없이 철썩이는 바람의 목을 끌어안고

매운 한세상 넌출대다가
바닷가에서 몇 잔 안주로 꿈틀대다가
석쇠를 깔고 툭, 불거지는

석양의 저 힘줄
소신껏 살라는 불쾌한 말씀

보트피플

희망의 눈꺼풀 열고 안갯속으로 뛰어들었다
사냥개처럼 이빨 드러낸 바다의 내부를 통과한다
몸을 벽에 붙이고 한 꺼풀 속을 살피며
그믐밤에 안도하는 얼굴들
사내가 담배를 물고 라이터를 켜는 순간
아직 불을 켜면 안돼
물결이 달려와 헤드록을 걸었다
바닥에 쓰러진 손가락이, 비틀
하얀 입술을 흘긴다
쿡,
비웃는 여자의 콩알 가슴
새들이 푸드득 젖꼭지 비틀며 날아들어
모유를 빤다, 쪽쪽
빨수록 뱃가죽이 낮게 울렁거린다
조금만 참으면 돼, 이제 곧
마콘도*에 도착하면 황홀한 일대기가 시작되는 거야
드디어 해안선에 발을 디밀자

해안경비대 불빛이 다가와 보트피플
표정을 일제히 훑는다
뭐야, 온갖 것들이 다 있잖아
근친과 돼지꼬리와 연금술의 시간들
잠시 배가 휘청거린다
누군가 삽날로 지구의 꺼풀을 열었군
두 주먹이 음모를 꾸민 이래 울울창창 생겨나고 있어
오대양을 휘젓고 다니는 족속
끌려다니는 아이들만 불쌍하지, 안 그래?
지구의 일그러진 입술 열리자 머리에 손을 얹고 와르르
쏟아지는 사람들
이제, 멀미하지 않는 세상인 겁니까?

* 마르케스의 『백년 동안의 고독』에 나오는 지명

단풍놀이 가잔다

엄마는 썩어문드러진 심장을 갈아치우고
아버진 무릎관절 갈아치우고
나는 닳아 퍼질러 앉은 미션을 갈아치우고

단풍나무는 핸드백 하나 사들고 호. 호. 지폐를 뿌리러 가고
늙은 아버진 땅을 헤집으며 바람나러 가고
우린 아직 쌩쌩한 애인이나 갈아치울까

흑인의 심장으로 갈아치운 엄마는 자꾸
옆구리 찌르기 발차기 공중회전 낙법
되살아난 증거라며 가끔
대머리 가수의 소울메이트 꺼내놓는데

모두에게 미션 살아나 붕붕거리는 시간
저 나무의 영혼도
새것으로 갈아치울 준비를 하는데

팔랑~ 제 귀때기 뜯어내고
새 애인의 귓불에 끙끙거리며 정액 쏟아부을
희망사항 도배지 밤낮 펼쳐놓고 도안하겠다는데

나는 아직

구름 사진 보시겠습니다, 기상캐스터의 입에서 쏟아지는 모음과 자음 어금니에 물고 악어 한 마리 떠간다 서서히 꼬리가 흩어진다 목덜미 찢어진다 두 개의 솜뭉치 두 마리의 고슴도치 다시 흩어져……

나 이전의 나는 없고
어디든 몰려 부산한 나는
부푸는 바람의 사생아
눈동자 커지다 흐려지고 머리카락 해체될 때까지
절망은 부풀려지는 것
방사형 그래프로 태어나거나
수천의 표정으로 사라질 수 있는 것

몸을 통과해온 시간들이 소리 지르며 하얀 벽으로 왁자한
나를 불러 세울 때
구름의 이동이 멈춘 것처럼

찰칵, 뷰파인더 속으로 눈속임 한 컷

청포도 익던 마을 사라진 포도밭을 배경으로 울컥, 낯선 여자의 목젖이 부푼다 프레임 가득 이상기류 스미다 흩어지는 이 헛것 이 잡것 나는 자동 연기된다

MBTI 프로파일 보고서

선호도 조사에 따른 당신 유형은 소심한, 참을성 있는, 조직화된, 헌신적인, 책임질 수 있는, 동정적인…… 사람입니다 그러나 그만,

모의 판단지수가 낮아 애매한 당신, 무엇을 선호하는 거지요? 신선하지 못한 성격은 선호도가 떨어집니다 자칫 사고형 인간이 될 뻔한 당신 경계에 붙은 빗금에 금이 가기 시작한 당신 너무 많은 질식을 견뎌온 당신 잠재 사고를 모공 가득 품고 있는 당신 조만간 중앙선 넘어 꽃밭으로 추락할 당신 더 이상 숨길 수 없는 유혹에 사로잡힌 당신 결국 책임 있게 검사되고 해석되어질 목적과 항로는 변경될 수 있음을 기억하세요 겨드랑이에 돋는 외설과 요설로 민주먹 가슴 치는 독경 날려 보낼 수 있어요 나무에 머릴 대고 숲을 청취할 수 있어요 그러니 이제 그만,

타인의 감정에 민감하지 마세요 어떤 난관이 있어도

꾸준히 밀고 나가 추락하는 은행잎 눈물에 걸려 버벅거리지 마세요 이 가을은 헌신적이랍니다 기억하세요, 당신

트랙스케쳐

음악을 드로잉하는 남자 조감도 그린다 햇살의 치수 재고, 그녀의 가슴 겨냥해 깃대를 꽂고, 이어폰 속 파도 소리 지붕 아래 쟁여 넣고, 음표를 깎아 층계에 앉히고 창―울거미 만들고, 트랙을 좌우로 흔든다 후드득 쏟아지는 낙엽의 깊고 가벼운 흔들림 트렁크 열면 축음기의 나팔 솟아오른다 바닷가 하얀 집 우체통에 추억 하나 몰래 들이고 불쑥 들어오는 하얀 손, 쉽게 끌려나오는 상처, 소중한 사람이 하나 둘 모여든다 건물이 네 박자로 스케치된다 유리창에 부딪혀 튕겨 나오는 쉼표 하나 해안을 산책하며 흥얼거린다 소리 없이 맴돌던 화음 설계도의 배경이 된다 바닷물 바라보며 출렁임 받아쓴다 주춧돌에 새겨지는 노을빛 멜로디 푸른 날의 리듬에 절로 고개 끄덕인다 레퍼의 눈빛 목소리 소울 함께 가야 할 것들 어깨 걸고 어렴풋이 포즈를 취한다 *이봐요‥ 나에게‥ 천천히‥ 다가와‥ 이봐요‥ 나의 몸‥ 천천히‥ 꺼내봐‥* 바람의 데생 포 비트 건물이 네 박자로 스케치 된다

* 트랙스케쳐(Track―Sketcha): 언더그라운드 힙합 뮤지션

슬픈 식욕

이곳은 전라(全裸)의 땅, 서역만리 떠나온 듯 내 눈동자 커지기도 했지요 홀홀 벗기우고 짓무른 붉은 땅을 바라보며 발가락 아파오는 봄날, 자꾸 밀려오고 밀려가는 구릉의 물결 속에서 두어 폭 청보리 양탄자 타고 그의 운명 속으로 슬몃 들어가보고 싶은, 가서 부둥켜안고 뒹굴며 붉은 울음 퍼렇게 쏟아내고 싶은 그런 곳이었어요 청보리 축제장이란 푯말을 배경으로 한 사내가 나귀를 끌고 보리밭 돌아나갈 때 보리개떡이라는 글자의 슬픈 식욕이 솟구쳤어요 행인에 비해 상인이 넘치는 시절 왔으니 또 하나의 얼룩 생겨나고 있지요 지난날, 알토란 같은 감자를 품고도 내어줄 수 없었던 땅이 자꾸 붉은 길을 꺼내주어요 청보리밭 사이로 절뚝이는 혈관을 펼쳐 보이고 있어요 휘리릭 휘릭 보리피리 불고 싶은 설움을 조금은 알 것 같은데 아무도 보리피리 불지 않아요

골목을 묻다

1

골목이 사라졌다며 사람들은 그늘진 통로를 들여다보지 않는다 몸속 깊이 막다른 길을 묻어둔 사람에게만 어둠을 할퀴는 고양이 울음이 이명처럼 들릴 뿐이다 또각또각 하이힐소리 후다닥 쫓고 쫓기던 호각소리 냉기로 파고들던 밤바람소리가 퀭한 눈으로 길을 묻는다 이제 우리의 골목길은 어디로 숨어든 거야?

2

아이 하나가 골목을 달린다 달리는 골목이 끝나는 지점에서 아이 여럿이 공을 차고 있다 발길에 걷어차인 까마귀 한 마리 공중에서 노려본다 바람 빠진 공처럼 운동화에 구멍이 난다 이것 봐, 너 때문이야! 이제 무얼 신고 달리지? 눈물처럼 삐질삐질 땀구멍 삐져나오던, 땟국물 반질하게 가난한 골목에서 아이들은 달리기처럼 빠르게 자랐다

3

홀랑 뒤집어 보여줘!
바람이 충동질할 때
소녀의 욕망과 수줍음 충돌한다
그럼 멀리서 봐! 드디어
일제히 몸 뒤집는 은사시나무 이파리들
우리는 숨을 딱 삼키고 바라보았다
바람이 지나가는 골목골목
치마를 들어 올리며
흰 허벅지 내놓는 싱싱한 매춘
여름의 실핏줄 내비치며 관능이 출렁거린다
산에서는 바람이 일 때만 은밀하게
골목이 생긴다

캄캄한 바퀴

자전거 타고 다녔어요
목줄 풀린 개처럼 쏘다니며 오늘은
왼쪽 무릎을 깨고, 어제는
길바닥에 엎어져 스르륵 길을 핥아봤지요

입술에 닿던 길의 맛
내 몸에 번지는 피의 맛 바람의 아득한 당신의
지나온 모든 맛을 맛보고 싶어져요

타이어에 올라탄
우리들의 생애 속도가 너무 빨라
나의 너의 영혼의 맛, 보지 못하고 아이들만 낳아
쉭―쉭 과거로 미래로 내어던지고

생애를 내던지는 속도만큼이나 캄캄하게
졸음이 밀려오겠지요

엄마의 타이어는 벌써 초저녁잠 들었나 봐요
길들이 사라지는 냄새 가득 차올라
자전거 바퀴, 내 배꼽에서 자꾸 길을 꺼내놓아요

숲의 링

나무가 몇 개의 링을 감고 있는지 전기 톱날에 놀라 뛰쳐나온 나이테를 세어봤어요 굴참나무 졸참나무 고로쇠가 생의 외침을 걸어놓은 동그라미 안에 또 동그라미 벼락 맞은 은행나무가 검게 탄 속을 꺼내 보인 우곡사 법당에도 동그라미 죽은 아들을 향한 어미의 통곡 맴을 돌며 사람들의 귀에 걸리다 무심히 재(齋)를 올리는 스님의 독경에 걸리다 절 마당에서 소각되어 산불로 번진다 해도 참새 발목 같은 졸참 가지는 허공을 걸어오지요 배반을 모르고 한 계절 건너오지요 고로쇠에 구멍 뚫어 빨대를 꽂는 인간의 길이 참새 목숨이지요 호르륵 호륵 넘어가는 저 새의 행방이 우리가 찾는 길인지도 몰라 나무의 물관을 따라가 봅니다 좁은 방에 누운 채 발가락 겨우 꿈직여 끌어올리는 절망의 원천 잊을만하면 비—잉 혈관을 돌아 다시 무성해지는 질긴 삶을 내걸고 있어요 해마다 되찾는 링을 달고 전생과 후생의 이파리 같은 삶 처절하게 주고받는 먹이사슬이 숲에서 쩔렁거려요 땅을 파헤친 멧돼지의 시장기 굴참나무 귓속으로 흘러듭니다 호르륵 호륵 벌레 먹은 새소리도 나무의 몸속에 동그라미 걸어요 한 계절 건너가는 통증 제각각 몸속에 자꾸 쌓이는 동그라미 동그라미

우기의 내장들

또다시 패거릴 몰고 왔다 환한 들판에 발목을 묻고 있던 오동나무 뿌리째 내몰려 둥둥 하구로 몰려들었다 하얀 스티로폼과 부러진 나무둥치의 익살을 즐겼다 갈기를 날리며 터뜨린 내장 기압골—골 문지르고 있다 사라지지 않는 비린내 붉은 신호등 앞에서 잠시 흔들렸다 북경 25시 지나 세븐일레븐 지나 위구르통신 말이 통하지 않아도 지루하지 않다니 전진하며 번들거리는 아스팔트로 슬라이딩하며 창을 들고 달리는 자동차 앞에서 꼬리를 치켜든다 잠행의 내부를 한 장씩 보여주던 윈도브러시 눈감고 도리질하던 아이의 인내 투박한 손은 좌판에 앉아 모시조개 속살 도려내듯 생의 치부를 끌어내고 있어요 바닥 뒤집어 지리멸렬 쏟아내고 있어요 누구도 자신의 내부를 알지 못해 꼬리를 치켜든 적의와 광기 움푹 파인 광장 움푹 파인 자존 다 쏟아낸 캄캄한 대낮이 졸음처럼 몰려와요 자장가 부르는 물바퀴의 투어, 내륙지대 심장을 밟고 지나갔어요 쿵쿵 대열을 지어 핏물 말갛게 핥아먹어요 고양이는 고양이로서 실패한 잠입 등압선

집어삼킨 비명이 등을 한껏 구부려 찰나의 역습을 탐색하고 있어요 또다시 우기의 퍼포먼스 눈꺼풀 짓무르는 현대사에 들이치고 있어요

찢어진 혀

—상남동 밤풍경

헤아린다 한 발, 두 발, 기어오른다 미니스커트에서 치솟는 모반 그곳을 거점으로 수천의 발걸음 지나간다 피도 안 마른 것들이 밟힌다 우린 뱃속부터 대가리 치켜든 족속인 걸요 태연을 가장한 발설은 네온사인을 가장한 어둠이었다 콜택시에서 씨펄 시집에서도 씨펄 공중을 날아다니는 씨펄 가랑이 벌려놓은 말 씨를 퍼 나르는 말 허공 핥으며 두 갈래로 찢어지는 말 대체 넌 뭐가 될래? 이륙의 깃발 펄럭이는데 깃발 아래 삭신을 들여놓는다 나뭇가지를 가장한 길이었어요 승합차 속에 구겨져 허공으로 뻗어가는 길 다른 행성으로 옮겨가는 길 피도 안 마른 뱀은 슬픔을 몰라 홍등 아래서 운명을 점쳐보는 밤 번뜩이는 가윗날이 두려운 밤 가늘한 탯줄 잡아당길 때마다 떠오르는 기억들 가장한 웃음이 허공에서 굴절된다 미끈함을 가장한 두 개의 다리 버둥거리며 거꾸로 찢어지는 혀 당신의 늑골을 뽑아 온전한 문장이고 싶어요 피도 안 마른 유혹이 밟히는 순간 이브의 방안 가득 퍼지는 황홀한 향기 사내의 눈동자 속에 혀 한 가닥 파르르

떨고 있다

루머

여자가 자살했다는 속보와 함께 베고니아 화분이 배달됐다

검은 넥타이 풀어 투망처럼 던져본다 혀를 날름거리는 묘시의 빌딩 그물에 걸린다 노란 바다의 혈관 속으로 미끄러지는 현기증 반신욕으로 날릴 수는 없었다 열흘에 한 번씩만 물을 주세요 바닥 들추어보면 안 되나요? 인생의 모공에 널린 문제는 어디에나 있고 당신은 열흘에 한 번씩 푸른 잎사귀만 검색하면 좋을 것 사이트에 코를 박고 모근을 찾아 헤매는 당신 수상한 낌새의 포장을 클릭 클리닉 클라인펠트 염기서열 사이에 체취 없던 베고니아, 선명하던 표정의 충격적 사라짐 사이비 진실이 풍기는 냄새 퐁퐁 터지는 모니터 앞에서 붉은 입술 모두 손가락에 찍어 물구나무 서는 길 넥타이 옮아 허공에 건 길 끌어내리고 또다시 투망 펼친 길 한 잎 한 잎 경련 일다 시들해지는 길 이 길로 전송되는 사람들 무슨 돌팔매에 날아다니게 될까요?

해설

복숭아와 고양이, 그리고 바람의 발톱

김문주(문학평론가, 영남대 교수)

1.

릴케는 『젊은 시인에게 보내는 편지』에서 "연애시는 쓰지 않도록 하십시오. 우선 첫째로 틀에 박힌 듯한 평범한 형식은 피해야 합니다. 그러나 그것은 가장 어려운 점입니다. 왜냐하면 잘된, 그리고 부분적으로는 훌륭하기도 한 작품이 옛날부터 얼마든지 있는 곳에서 독자적인 것을 만들어 내려면 위대한, 그리고 원숙한 힘을 요하기 때문입니다. 그러므로 일반적인 모티브를 피하여 당신 자신의 일상생활이 당신에게 제공하는 모티브로 옮겨 가십시오."라고 권한 바 있다. 연애시를 쓰지 말라는 릴케의 충고는 시작(詩作), 나아가 모든 창작의 본질이 차별적 개성에 있음을 강조한 것으로서 일반적인 정서를 내용 중심으로 기술하는 것의 문제점을 지적한 것이다. 인지상정(人之常情)이라는 말이 웅변적으로 시사하는 것처럼 사람들은 대체로 비슷한 정서적 자질을 지니고 있어서 타인에게 일어난 사태에 대해 공감하고 감응할 수 있는데 문제는 보편적 감수성이 터하는 이러한 공통의 정서적 자질이 예술적 상투가 기인하는 지점이기도 하다는 점이다. 공감한다는 것은 어떤 사태가 일으키는 내면 상태를 헤아릴 수 있다는 것인데, 그러한 공감의 능력이 작가보다 독자 편에서 오는 것일 때 우리는 이를 상투라고 부른다. 릴케가 연애시를 쓰지 말라고 한 것은 연애시의 감정 형식을 문제 삼은 것이지 사랑의 감정 자체를 다루지 말라는 것은 아닐 것이다. 상투의 맞은편에 있는 "위대한" 작품은 익숙한 감정을 재차 반복/확인하는 것이 아니라 낯설게 해서 다시 보게 하고 새롭게 발견/발굴하게 한다. 릴케가 말한 "원숙한 힘"과 '일상생활의 모티브'는 상투를 지양하는 두 가지 길을 제시한 것으로서 전자가 익숙한 상상력을 넘어서는 사유의 깊이를 강조한 것이라면 후자는 접근하는 경로, 다시 말해 방법의 문제를 제기한 것이다. 관건은 깊이와 방법이다. 릴케의 표현을 빌리자면 깊이에는 '위대하고 원숙한 힘'이 요구되는데 신이 떠나 버린 불모의 세계에서 이 '힘'을 구성할 수 있는 내면적 자원의 가능성은 지극히 회의적이라고 할 수 있다. 릴케가 '일상생활의 모티브'를 강조한 것도 이와 관련되어 있는데, 여기에서 '일상'은 사랑을 낯설게 사유하고 우회하는 방법적 기지인 셈이다.

이주언의 첫 시집 『꽃잎고래』는 오래된 문학의 주제들을 모계적 감수성과 일상을 통해 경유하고 있는 사례라고 할 수 있다. 그녀의 시는 다른 여성 시인들의 경우보다 빈번하게 철학적인 주제와 접속되어 있으면서도 무겁지 않은데, 이는 기질에서 오는 것이기도 하고 시적 스타일의 결과이기도 하다. 감각에서 감각으로 이어지는 언술들의 운동과 말들의 부력을 이용하여 몸을 옮기는 사유의 수평 이동은 『꽃잎고래』를 한편의 점묘화로 읽게 한다. 개별 시편의 완결성이나 강렬함보다 여러 시편들이 만들어내는 전체적인 그림이 좀 더 인상적인 시집은 사물들의 물질성을 하나의 의미의 세계로 전유하되, 이를 감각으로 구성해내는 이주언 시의 미적 특질을 보여준다. 그 중에서 시간의 테마는 그녀의 시편들의 배후로서, 사물들에게 몸을 주어 '지금-이곳'으로 불러내고 그래서 너머의 세계와 교통하게 하는 생명력의 원천이다.

꽃이 떠난 나뭇가지는 빛의 모서리에 서서 환상통을 앓을 것 같은데, 꽃잎 한 점 씹을 때마다 너는 한 점의 통증을 온몸으로 느낄 것 같은데, 얇게 저며져 지상으로 떠도는, 그 무슨 냄새로 가득한 꽃잎 씹으며, 이 향기로운 깊은 전언이 무얼까 생각하였네

지상의 재앙을 감지한 듯 아가미 얻기 전에 바다로 가 버린, 너의 조상들이 가꿔온 꽃밭일지도 몰라 바다를 향해 지느러미처럼 파닥이는 두 팔을 벌리고, 서로의 어둠 끌어안으면 서로의 살점 곱씹으면 휘릭~ 휘릭~ 귓속말이 울려오는

—「꽃잎고래」 부분

『꽃잎고래』에서 사물은 빈번하게 먼 시간과 더불어 소환된다. 시간은 이 시집에서 사물들이 생명을 얻는 상상력의 거점이다. 마치 꽃을 떠나보내고 "빛의 모서리에 서서 환상통을 앓"는 '나뭇가지'처럼 시간은 관성적인 시적 대상을 사물의 경계를 넘어 활물의 세계에서 살아 운동하게 한다. 고래의 육포에서 "흑장미"로, 고래의 생명의 터전인 바다에서 "꽃밭"으로 이동하는 상상력은 시의 공간을 웅숭깊은 신화의 세계로 수런거리게 한다. 그러한 점에서 고래의 육포는 신화의 시간과 접속하는 통로이다. 그런데 이 신화적 상상력이 펼쳐지는 세계가 현실에 대한 비판적 성

격을 띠고 있다는 점에서 "흑장미"로 비유된 "고래의 육포"는 저 너머의 세계에서 보내온 전언(傳言)이며, 여기에는 "파닥이는 두 팔을 벌리고 서로의 어둠 끌어안으며 서로의 살점 곱씹"는 살가운 세계에 대한 동경이 담겨 있다. 고래의 육포에서 연상된 '꽃잎'을 '고래'와 나란히 결합한 조어 "꽃잎고래"는 이주언 시의 상상력이 운동하는 방향과 의미를 웅변적으로 시사해준다.

달이 몰락한다고
집 한 채씩 그녀의 몸 채울 때마다
지주사원 독수리 몸은 부풀려지고 가벼워지고
영혼을 실어나르는 일은 도끼날 부리에서 출발하고

잘게 부수어진 영혼들 바람에 뒤섞여
혼음과 존엄의 축제장 떠올랐으니

살점 하나 남김없이 먹어주겠니?
산꼭대기 뒹구는 해진 속옷의 마음으로도
완전한 소멸을 원하는 거야

—「공중정원」 부분

조장(鳥葬)의 풍습을 형상화하고 있는 이 작품 역시 '지금―이곳'을 넘어 영원한 시간을 지향하는 시인의 의식을 보여준다. 이 시에서 너머의 세계는 「꽃잎고래」의 바다와 유사하다. 고래의 "조상들이 가꿔온 꽃밭"처럼 "공중정원"은 지상적인 것으로부터 탈주하는 근원적인 자유의 세계이다. 그곳은 무거운 중력에서 벗어나 온전한 자유를 누리는 세계이되 타자와의 충만한 교감이 이루어지는 향연의 장(場)이다. 「꽃잎고래」의 '바다'나 「공중정원」의 '하늘'은 몸을 벗어버린 정신이 자유를 누리는 세계가 아니라 정신과 분열되지 않은 몸의 관능이 온전히 실현되는 "혼음과 존엄의 축제"의 장이라는 점에서 동일하다. 이주언의 시적 대상들이 대체로 심미적 형상으로 감수(感受)되고 관능성을 띠고 있는 점은 이와 관련된다. 시적 대상에서 너머의 세계, 그 영원한 자유의 시간을 보는 시인의 의식은 심미적이고 관능적이다. 고래와 바다를 "꽃잎"과 "꽃밭"으로 보는 상상력은 조장(鳥葬)이 이루어지는 하늘을 "공중정원"으로 호명한다. 그곳에서 꽃들은 존재의 존엄을 견지하며 그 생명력을 만끽한다, 아니 관능적 생명을 만끽함으로써 존엄해진다. '혼음과 존엄'을 축제의 장에 나란히 놓을 수 있는 것은 시인에게 아름다움과 관능이, 나아가 성스러움이 분리되지 않기 때문이다.

달개비 벌어져 살내 풍기고/주홍치마 걷어 올린 산나리가 낭패 떼를 쏟아/관음보살 이마가 땀에 번들거린다/불끈 힘이 드는 사자 엉덩짝/석등을 받쳐 드는 영암사지(靈岩寺地)/천년 가도 발굴되지 않았던 영암사지(永暗死地)/재우는 수음과 깨우는 소음, 석공의 손길 분주했을 영암사지(營庵事地)/패를 돌리며 둥근 달빛 띄우던 한때/이글거리며 은빛 처마 황금 나발을 칠하던 한때/조아린 신도가 수천이던 한때/둘러싼 골산을 호령하던 한때/다 살아나 실핏줄 툭툭 불거지는 도행(倒行)반야경/절터를 깔고 앉은 여승(女僧)이 아득히 들려주는 도행(道行)반야경/사내와 뒤엉켜 은밀한 풍경/풍경의 모반이 뜨거운 칠월 한낮/천년 전 매미가 울고 있다

—「영암사지」 부분

후두둑 움집으로 빗물 스미던/지붕을 드나들며 바람이 노래하던/몽골몽골 살 내음 피어오르던 아내의 집을 버리고/땅 깊은 자궁에 누워 흘려보내는 끝없는 전신(傳信)/—살아라 살아라 죽어서도 살아라 네 몸속에 내 불안의 피 뜨겁게 돌고 돌아라/수천 년을 어머니의 어머니의 어머니를 통해/그 한 끝이 나의 탯줄에 이어져/한없이 밀려오는 두려움의 자양분/골방에 웅크리고 탯줄 빨아먹는 것이/껍

질 뚫고 다시 태어나야 하는 것이/네가 아니었구나/이제껏 너의 무덤이라고 생각했던 곳이/실눈 뜨고 있는 나의 집이었다니

—「옹관묘」 부분

『꽃잎고래』에서 시간은 사물을 시적 대상으로 전경화하는 거대한 배후이자, 미(美)와 관능(官能)과 성(聖)을 함께 품고 있는 우주(宇宙)이다. 대상에서 먼 시간을 소환하는 상상력은 자연스럽게 종교적인 것과 닿아있지만, 그 세계는 몸의 생명력을 생생하게 보존함으로써 현재와 밀접하게 연결되어 있다. 위의 시편들은 이주언의 시에 중요한 축을 이루는 종교적인 것과 여성[모성]적인 것이 어떠한 양상으로 출현하는가를 잘 보여준다. 「영암사지」는 절의 터를 형상화하고 있지만 어떠한 구도(求道)의 내용도 직접 담고 있지 않다. 가시적인 사물을 시적 대상으로 하지 않고 남겨진 것을 통해 대상을 복원하는 이러한 방법은 이 시집의 영성이 특정한 종교적 내용을 겨누고 있지 않음을 시사한다. 이 시의 종교성은 빈터에서 출현하고, 그 터를 채우고 있는 것은 시간이다. 그 시간 위에 "석등을 받쳐" 들고 있는 "사자의 엉덩짝"과 "살내 풍기"는 달개비, "주홍치마 걷어 올린" 산나리, "절터를 깔고 앉은 여승"이 펼

쳐져 있고, 분주한 "석공의 손길"과 "둥근 달빛" "황금 나발"아래 "조아린" "수천의 신도"들의 수런거림이 복원되어 있다. '영암사지'에서 우리가 확인하는 것은 살아있는 생명들의 운동과 관능이다. "천년"이 지나도록 여전한 매미의 울음소리는 "석등을 받쳐 드는" 사자의 저 관능적인 돌 엉덩짝의 형상에 새겨져 있다. 어찌 보면 이것이야말로 사물 세계의 본래적 양상이자 천년 우주의 진면목, 즉 '반야(般若)'의 내용일 것이다. 『꽃잎고래』가 종교적이면서도 종교적인 것으로 감수되지 않는 것은 이 시집을 가로지르는 생생한 관능, 충일한 생명 감각 때문이다.

그러한 점에서 이주언의 시에 여성성[모성성]이 또 하나의 축을 이루고 있는 것은 지극히 자연스럽다. 물론 그 여성성은 그녀의 시적 특징이라고 할 수 있는 장구한 시간성이나 생명 세계를 보는 전체적 감각과 긴밀하게 연관되어 있다. 「옹관묘」에서 시신을 담는 항아리는 지나간 시간과 도래할 시간이 함께 "포개어 집"을 이루고 있는 세계로서, "꽃잎고래"나 "공중정원"처럼 시간을 지나온 몸이 영원과 만나는 자리이다. 시에서 '옹관'은 주검을 담고 있는 사물[묘]이지만 여성적 상상력에 힘입어 "자궁(子宮)"으로 전환됨으로써 새로운 시간을 잉태하고 자기—정체성의 갱신을 도모하는 부활의 공간이 된다. 이러한 과정 속에서 옹관은 수많은 어머니들이 '나'와 만나는 자기—정체성의 공간이 되는 것이다. "너의 무덤"들이 "실눈 뜨고" "다시 태어나는" 존재로서의 '나'는 타자의 바깥이 아니라 타자와 교섭하는 장(場)으로서 여기 있는 것이다. 그래서 '옹관'은 수많은 생명들/주검들의 연속 위에 존재하고 있는 '나'의 형상이 된다. "몸을 통과해온 시간들이 소리 지르며 하얀 벽으로 왁자한 나"(「나는 아직」)로서 자신을 인식하는 의식은 연속적인 시간 위에서 자기—존재를 사유하는 시인의 이러한 세계관을 웅변적으로 드러내준다.

2.

『꽃잎고래』는 구체적인 일상과 사물을 시의 대상으로 하고 육체성과 관능을 중요한 시적 모티프(motif)로 삼고 있으면서도 전체적으로는 현상 세계를 넘어서는 종교적 사유와 상상력이 배후를 이루고 있는 시집이다. 이는 시집의 종교성이 몸과 사물들의 세계, 그리고 일상의 현실로서 개진되고 있음을 의미하는 것이다. 이주언의 종교적 성찰은 특정한 수행이나 각성의 언어적 형식으로 표현되기보다 사물에서 비롯된 자유로운 이미지나 연상을 통해 몸을 얻는다. 시적 전략이나 의도가 없는, 분리되지 않은 성과 속(聖/俗)의 자유로운 발화는 그녀의 종교적 사유가 몸을 부리는 주된 방식이다. 구태여 표현하자면, '명랑한' 불교적 사유와 상상력이 이들 시편에 펼쳐지고 있는 셈이다.

> 굴참나무 졸참나무 고로쇠가 생의 외침을 걸어놓은 동그라미 안에 또 동그라미 벼락 맞은 은행나무가 검게 탄 속을 꺼내 보인 우곡사 법당에도 동그라미 죽은 아들을 향한 어미의 통곡 맴을 돌며 사람들의 귀에 걸리다 무심히 재(齋)를 올리는 스님의 독경에 걸리다 절 마당에서 소각되어 산불로 번진다 해도 참새 발목 같은 졸참 가지는 허공을 걸어오지요 배반을 모르고 한 계절 건너오지요 고로쇠에 구멍 뚫어 빨대를 꽂는 인간의 길이 참새 목숨이지요 호르륵 호륵 넘어가는 저 새의 행방이 우리가 찾는 길인지도 몰라 나무의 물관을 따라가 봅니다 좁은 방에 누운 채 발가락 겨우 꿈직여 끌어올리는 절망의 원천 잊을만하면 비—잉 혈관을 돌아 다시 무성해지는 질긴 삶을 내걸고 있어요 해마다 되찾는 링을 달고 전생과 후생의 이파리 같은 삶
>
> —「숲의 링」 부분

시는 나무들의 나이테와 사찰의 풍경을 거쳐 고로쇠나무와 새, 병실의 장면으로 옮겨가면서 사물 세계 전체에

원환의 이미지를 그려놓는다. 시에서 "동그라미"는 사물들의 생의 시간을 상징하면서 동시에 그 생을 가두고 있는 고통의 형상으로 그려져 있는데 여기에는 생에 대한 불교적 인식이 내장되어 있다. "해마다 되찾는 링을 달고 전생과 후생의 이파리 같은 삶"을 사는 존재들, 그것은 윤회의 그물에서 벗어나지 못하는 모든 생명체들의 고통의 생에 대한 단적인 형상이다. "고로쇠에 구멍 뚫어 빨대를 꽂는" 인간의 모습에서 "나무들의 물관"과 "좁은 방에 누워" "혈관에" 링거를 꽂은 인간 형상으로 이동해가는 이 시의 상상력은 생명의 욕망과 본질을 탁월하게 연결시킨다. 이 생에 대한 우주적 인식을 시인은 "절 마당에서 소각되어 산불로 번지는" 원환의 이미지로 옮겨놓고 있다. 다양한 생명 현상들 사이를 오가면서 그 생에 가로놓인 욕망과 고통을 그리고 있는 이 시는 직관적으로, 혹은 우연히 얼개를 이룬 듯한 언술들을 통해 불교적 사유를 전혀 무겁지 않게 이미지로 형상화한다. 사유나 상상력의 이동 경로가 일정한 방향으로 깊어지는 이 분야의 정연한 일반적인 시들과 달리 이주언의 작품은 방사형의 언술로 시적 사유를 개진한다. 그것은 수평적 이동을 특징으로 하고 있어서 다소 산만하고 때로 게릴라적이며, 언술의 차원에서는 '명랑'하다.

쌈밥을 먹다
구멍 송송 뚫린 배춧잎
수도승 맨발이 굽이굽이 넘어갔던
잎맥을 본다
발등, 무릎, 가슴 내던지며
원왕생 원왕생 바닥을 기며
태양계 한 바퀴 돌아
느린 행보로
무수히 남긴 석굴사원
긴 행려를 본다

—「배추벌레 사원」 전문

이주언의 작품 중에서 드물게 정연한 시적 형식을 취하고 있는 위의 시는 그녀의 시세계가 본질적으로 불교적 성찰을 기반으로 하고 있음을 보여준다. 이 작품 역시 앞에서 말한 특징들, 즉 현재를 넘어 장구한 시간을 사유의 대상으로 하되 육체성을 종교적 성찰의 주요 모티프로 삼고 있다. "원왕생 원왕생 바닥을 기며/태양계 한 바퀴"를 도는 배추벌레의 "긴 행려"는 현—존재의 시간을 초월하여 우주적 시간, 즉 왕생의 시간을 정향하고 있다. 『꽃잎고래』는 빈번하고 광범위하게 이러한 종교적 사유와 상상력 위에 정초하고 있으며, 흥미로운 점은 이러한 구도의 형상들이 거의 필연적으로 육체성과 맞물려 개진되고 있다는 사실이다. "태양계 한 바퀴"를 도는 저 "느린 행보"의 구도(求道)가 오체투지(五體投地)를 통해 이루어지고 있다는 점, 그리고 이러한 구도의 형상이 음식을 먹는 과정에서 발견된다는 것은 이주언의 구도의 시학, 그 내용과 형식이 구체적인 몸으로부터 기원하고 있음을 웅변적으로 드러낸다. 이러한 그녀의 시학을 우리는 '몸과 하심(下心)의 시학' 이라고 부를 수 있을 것이다.

습한 동굴 속에서 구겨졌던 날들
기어코 어두운 삶을 견뎌온 것들이 하얗게 웃고 있다

누군가의 배설을 끌어안아야
파란 하늘을 배경으로 날개를 틔우는
제 속의 감옥을 허공에 매다는 일은 저렇게 눈이 부시
다

깜깜한 동굴을 다 빠져나오면 또 다른 동굴이 기다리고
있는 기저귀 인생일지라도

가끔 제 누추를 빨아서 펼칠 수 있다면

모든 걸 떨치고 허공에 잠시 거주할 수 있다면, 하고 여자가 하얀 이를 드러내고 웃는다

—「허공에 거주하고 싶은」 부분

『꽃잎고래』에 편입된 풍경들은 시대의 문제적인 현실이라기보다 생의 보편적인 고민들, 철학적이고 종교적인 의미로 수배된 형상이라고 할 수 있다. 위의 시편 역시 생을 고통으로 점철된 것이라고 인식하면서 생의 누추(陋醜)에 대한 정화의 바람을 옥상에 널린 기저귀의 형상을 통해 표현하고 있다. 시는 인간의 생을 "아기의 똥"과 "달거리 소녀의 하혈", 그리고 "자리에 누운 노인의" 배설물로 정리한다. 인간에 대한 이러한 이해는 사물세계를 바라보는 시인의 시각을 단적으로 보여준다. "깜깜한 동굴을 다 빠져나오면 또 다른 동굴이 기다리고 있는 기저귀 인생", 생을 이렇게 끝없는 고통의 연속으로 보면서도 이주언의 시는 참담과 절망 속에 침잠하지 않는다. 그것은 그녀의 시가 근본적으로 종교적 영성 위에 기초하고 있으며, 이러한 인간 이해가 자기 삶을 넘어 타인을 바라보는 연민의 시선으로 작동하고 있기 때문이다. 구도의 염원이 생명 세계 전

체에 대한 이해와 연민으로 확장됨으로써 시는 비극성에서 벗어날 수 있었다. 그러한 점에서 그녀의 시는 불가적(佛家的)이다. "제 누추를 빨아서 펼치"고, "모든 걸 떨치고 허공에 잠시 거주할 수 있"기를 염원하는 관조의 마음과 "하얀 이를 드러내고 웃는" 저 "여자"의 형상은 이주언 시의 종교적 영성과 명랑한 구도의 성격을 매우 잘 드러내는 대목이라고 할 수 있다. 이 시에서 보이는 특징은 타자에 대한 연민을 형상화한 다음의 시편에서도 확인된다.

> 한 뼘의 길이와 두 마디의 두께로/전신을 떠받쳐온 발의 집념/물속에서 향그럽다/지느러미 살랑이며 모여드는 금붕어들의/축제, 혹은 주홍빛 퍼레이드/못가에 나란히 신발을 벗어두고/머리부터 던져넣는 투신의 순간에/빛줄기 하나 내리꽂으며/서러운 석양이 발바닥 주물렀으리/이제는 평안하신가/다섯 장의 꽃잎으로 수면에 펼쳐진/물고기가 숭고하게 입질을 하는/하얗게 표백되는 발가락/가슴에 끌어안고 주무르고 싶어라/한 번도 보듬어주지 못한/약손의 마음으로 주무른 적 없는
>
> —「발들을 생각한다」 부분

이 시는 저수지에 투신한 사람의 생에 관한 사유를 담고

있지만 시적 대상에 대한 비극적 인식보다 제의적(祭儀的) 위로가 주를 이루고 있는 작품이다. 그것은 마치 안온한 수장(水葬)처럼 주검에 이른 존재를 위로하는 내용으로 꾸려져 있다. '발'은 생의 노역과 고통을 상징하는 신체의 일부로서 시는 저수지에 든 발을 안식케 하는 우주적 치유의 모습을 형상화한다. 이 시 역시 흰색의 이미지로서 시적 대상을 그리고 있는데, 이는 「허공에 거주하고 싶은」의 주된 소재인 기저귀나 여자의 "하얀 이"와 동일한 맥락의 의미를 지니고 있다. 이주언의 시에서 백색 계열의 이미지는 삶의 고통에 대한 표백과 정화의 의미가 담겨 있으며, 여기에는 자기—구원의 성격보다 다른 존재를 향한 깊은 연민과 구원의 염원이 내장되어 있다. 그녀의 시가 보여주는 이러한 위로의 윤리학은 한편으로는 종교적인 곳에서 오고 한편으로는 모성적 여성성에서 기인한다. "하얗게 표백되는 발가락"과 그 발가락을 "가슴에 끌어안고 주무르고 싶어"하는 "약손의 마음"은 고통의 정화와 모성적 위로가 이주언의 시에서 분리되지 않고 함께 작동되는 두 정서적 자질임을 보여준다.

3.

『꽃잎고래』에는 시인의 개인사와 관련된 기억들이 편린

처럼 새겨져 있는데, 그들은 단순한 과거로서 추억되지 않고 시인의 시적 정체성과 정서적 자질로서 현재화되어 있다. 그 과거의 주요 내용은 모성적 여성성의 고통스러운 삶이다.

얼음 속에서 얼음의 두께를 견뎌야 했던 우리는 차라리 동그란 구멍 속 빙어처럼 세상 밖으로 낚여 나오고 싶었다 죽음을 향해 폴짝폴짝 꼬리 흔들고 싶었다(…)두 팔 들어 올리자/메마른 팔뚝마다 저승꽃 같은, 이제 막 태어날 목련 꽃눈들 매달려있다

—「다시, 목련」 부분

맨발로 칼끝을 밟고 가듯/빙판에 선 어머니 어깨 기우뚱거려도/우린 등에 매달려 낄낄거렸어요/눈발이 내 깊은 사랑처럼/단단한 수면 위로 휩쓸려 다니고/어머니의 노랫소리 하늘로 가/까마귀떼로 방황하고 있어요/내 손금에 피가 나요/보세요 빨갛게 노랗게 펄럭이는 바람과/땅을 박차고 오르는 발끝에서/이렇게 역동하는 그리움/눈물로 땀으로/전신을 휘감아 춤추는 소맷자락/거친 숨을 뱉으며/더 세게 장구를 두드리세요/신들린 기도/겨울 하늘이 유리창처럼 깨지고/언 강물에 비친 내가 떨고 있어요/귀를

막은 손바닥, 고막이 아파요/그리워 그리워/가슴에 쩡쩡 금이 가요

—「겨울 노래」 부분

아가야, 빛이 보이니? 어둠을 다 지나 이곳까지 닿을 수 있겠니?/세상 마중을 나와 탯줄 잘라주셨던 할머니//(…) 해마다 희고 붉은 천 조각 잇대어/그래그래 아가야, 소식 매달아주신다

—「골무초」 부분

그 곁에서/치마 한 자락 들어 올리며 얼레지 칼춤을 춘다/보랏빛 입술 앙다물고 바르르/바람이 분다//(…)아가, 돌아보지 말고 가거라/무덤에 바람이 쓸리고/느릅나무 새잎 흔들린다//늪에서 허우적이던 할머니의 생애가/문득 미심쩍어 뒤돌아보면/얼레지도 갈대도 새소리도 희미해지고/내 몸도 어느새 아득해진다

—「늪」 부분

시집에 등장하는 가족사의 주된 인물은 어머니이다. 아버지를 다룬 작품(「버」)이 있기는 하지만 시인에게 과거는 어머니와 더불어 소환되고, 어머니의 삶은 가난과 억압의

고통이 동행한다. "얼음 속에서 얼음의 두께를 견뎌야 했던 우리는" "빙어처럼 세상 밖으로 낚여 나오고 싶었다"는, 감각에 의해 생생하게 보존된 이 성장기는 고스란히 어머니의 삶의 무게와 직결되어 있다. "링거병"이 달린 "팔뚝마다" 매달려있는 "저승꽃 같은" "목련 꽃눈들"은 모성의 희생과 수탈을 통해서 마련된 생명의 현재를 그려낸다. 이주언의 시는 그것을 여성적 삶에 대한 고발의 형식으로 그리지 않고 겨울이나 봄과 같은 자연의 이미지 속에서 형상화한다. 이는 그녀의 성적 인식이 현실 비판의 맥락보다 자연화의 방향 속에서 이루어지고 있음을 의미하는 것이다. 물론 남성적인 세계의 억압과 부정성이 여성적 삶의 현재를 통해 간접적으로 표현되고 있기는 하지만 그것이 남성적인 것들을 향한 공격으로 진행되지 않는 것은 분명해 보인다. "이제는 당신들 알고 싶지 않아/차창에 머릴 박고 잠을 자네"(「황혼여행」)라는 구절이 상징하는 것처럼 의도적 망각의 형태를 취하거나 "너무 많은 질식을 견뎌온 당신 잠재 사고를 모공 가득 품고 있는 당신 조만간 중앙선 넘어 꽃밭으로 추락할 당신 더 이상 숨길 수 없는 유혹에 사로잡힌 당신"(「MBTI 프로파일 보고서」) 등의 표현이 시사하는 것처럼 탈주에 대한 욕망 정도로 나타나고 있다. 앞에서 말한 '자연화의 방향'이란 여성의 부정성을 상징적으로 해소하거나 탈주에 대한 욕망을 정서화하는 방식이라고 할 수 있다.

위에 인용된 「겨울 노래」와 「늪」을 비롯하여 이주언의 많은 시편들에 등장하는 제의적(祭儀的) 모티프—마치 샤먼의 살풀이와 같은—는 여성적 삶에 깃든 부정적 요소들을 해소하는 일종의 상징적 행위라고 할 수 있다. "전신을 휘감아 춤추는 소맷자락/거친 숨을 뱉으며/더 세게 장구를 두드리는" 저 "신들린 기도"와 "치마 한 자락 들어 올리며" 추는 "얼레지 칼춤"은 모성—여성에 기숙해 있는 억압과 질곡을 제거하는 제의이다. 그러한 점에서 그녀의 시적 공간은 맺힌 것을 풀고 갇힌 것을 방사하는 제의적 장소이다. 할머니에서 어머니로, 어머니에서 자신으로 이어지는 여성적 삶의 부정성을 격동과 생명에의 리듬으로 풀고 해소하는 이러한 샤먼의 시학은 앞에서 살폈던 이주언 시의 종교적 영성과 닿아있다. 그녀의 시가 불교적 성격을 내장한 듯하면서도 이른바 '자연 종교' 에 가깝게 느껴지는 것은 이러한 샤먼적 요소들, 원시적 생명력에 대한 복원의 욕망과 충동이 그녀의 시세계를 관통하고 있기 때문이다.

여기저기 뜯기는 상처/야성을 꺼내들고 복숭아 베어먹는 여자의/눈빛이 번득일 때/도둑고양이 쓸쓸한 발톱이 가려워요//몸 밖으로 드러내고 싶지 않았던/발톱 오므리고 고백하건대//언제부턴가 우리의 송곳니가 사라졌어요/이제 나의 종족은 생쥐를 찢어먹지 못해요/육즙 줄줄 흘리며 복숭아라도 베어먹고 싶은/그런 때가 많아지니 어쩌지요

—「베어먹는다」 부분

작은 꽃잎에 스며든 고양이 숨소리/고양이꽃이라 불러보니/발톱에 묻은 꽃들의 살점이 섬뜩해져요

—「기린초」 부분

고양이를 소재로 한 위의 두 편의 시는 훼손되지 않은 생명력에 대한 욕구를 매우 감각적으로 보여준다. 이 시편들에서 고양이는 여성에 내재한 야생적 생명력을 드러내는 존재로서 이 시는 여성적 관능을 상징하는 복숭아를 통해 부드러움 속에 감추어진 격정을 형상화하고 있다. 복숭아는 쉽게 상처를 입는 사물이면서도 싱싱한 육즙(肉汁)을 간직한 감성적 존재이다. 이 "육즙을 줄줄 흘리며" 복숭아를 "베어먹는" "여자의 눈빛" 속에는 '송곳니'로 "생쥐를 찢어먹"는 야생성이 담겨 있으며, 「기린초」의 "발톱에 묻은 꽃들의 살점"은 이러한 야생성의 심미적 표현이라고 할

수 있다. 이들 시편에 등장하는 고양이와 복숭아는 예민한 연성(軟性)과 야생적 본능을 한 몸으로 삼는 여성적 관능을 상징적으로 보여준다. 이러한 야생적 관능이 고통스러운 현실 속에서 몸을 드러내는 풍경을 우리는 다음의 작품들에서 확인할 수 있다.

뒤로 갈 수 없는 독사의 몸, 앞니의 눈물을, 땅을 밀고 가는 뱃가죽의 긴 슬픔을, 숨어서 노려보던 두려움이 내 모가지에 올가미 씌웠지요 트실트실 바래어가던 몸빛이 지금 당신 등짝에서 선명하게 살아나고 있어요 이제 당신은 놓친 사랑을 거머쥐고 울던 이가 아니에요 새로운 노래를 틀어드리겠어요 욕망의 화폭 넘쳐나도록 영원한 사랑을 울려드리겠어요

—「문신」 부분

고통의 무게 도려내 봐 네 피투성이로 너의 쾌락은 완성되는 거니까 아물듯한 상처들이 첫 키스의 출구로 몰려든다 첫울음 터지면 내던져질 블랙립 어쩌겠어, 해저 깊이 가라앉아 진주조개잡이 노래들으며 온몸 물어뜯기겠지만 어쩌겠어, 물고기들이 음파를 보내며 짝을 찾고 있는데 상처투성이 사랑을 나누고 알을 낳고 또 서서히 죽어가겠다

는데, 어쩌겠어!

—「어쩌겠어, 블랙립」 부분

입술에 닿던 길의 맛/내 몸에 번지는 피의 맛 바람의 아득한 당신의/지나온 모든 맛을 맛보고 싶어져요

—「캄캄한 바퀴」 부분

인용한 시편들에서 우리는 보들레르와 미당의 「화사(花蛇)」가 보여주었던 격렬한 생명에의 충동을 다시 목도하게 된다. 그것은 고통을 통해서라도 자기—존재를 확인하고 싶은 생명에의 욕구, "부둥켜안고 뒹굴며 붉은 울음"을 "퍼렇게 쏟아내고 싶은"(「슬픈 식욕」) 욕망이다. 이와 같은 존재 확인의 의지는 이주언의 시에서 사랑과 한 몸을 이루고 있는데 이는 타자에 대한 악마적 충동과 결합한 보들레르나 미당의 그것과 다른 대목으로, 그녀에게서 사랑과 쾌락은 가학적 방식이 아닌 자학이나 고통의 형식과 결합되어 있다. "땅을 밀고 가는 뱃가죽의 긴 슬픔"을 두려움 속에 떠안는 사랑, 고통과 피투성이로 완성되는 "블랙립"의 쾌락, 그리고 자신의 "몸에 번지는 피의 맛"으로 "당신의 지나온 모든 맛을 맛보"려는 저 "캄캄한 바퀴"의 피학성은 이주언 시의 사랑과 관능의 특성이다. 이러한 정

서적 자질들이 사물들을 시적 대상으로, 현상을 시의 풍경으로 발견하게 한다. 이러한 정서적 자질은 앞에서 살펴보았던 이주언 시의 종교적 성격이나 위로의 모성성과 연관되어 있을 것이다.

산돼지 발톱 자국만 펄—렁
허공에 일렁인다

매화나무 아래 화르르
꽃잎 쏟아진다

고요를 파헤친 자국
바구니에 가득 담긴다

새살 돋는 가려움
긁고 지나가던

바람이었다

—「바람의 발톱」 부분

나물을 캐는 여자의 주위로 스쳐간 "산돼지"가 허공에

남겨놓은 "발톱 자국", 그것은 바깥의 야생에 의해 촉발된 생명이자 깨어난 관능이다. '긁히고' '파헤쳐진' 자국으로서 소생하는 봄은 상처의 관능으로, 고통에 의해 길을 내는 이러한 생명은 야생의 본능을 회복하기가 쉽지 않다. "산돼지의 발톱 자국"을 '매화나무의 꽃잎'으로 감수하는 이 시의 심미성은 이주언 시의 현주소를 웅변적으로 상징한다.

야생(野生)의 생명력은 스스로 바람이고 들판이 되는 자기—격동에서 온다. 자신을 발화(發火/發化)의 지점으로 삼는 자족성(自足性)과 자신에게서 종결하는 완결(完結)의 능력, 그것이 『꽃잎고래』가 찾아가야 할 이후의 경로로 보인다.

"일렁이는" 야생의 고양이여,
보여다오, "꽃들의 살점" 뒤에 감추어진 네 아름다운 발톱을!

시인의 말

시간만큼 혹독한 것은 없을 것이다.
결국엔 모든 삶을 허구로 만든다.
한때 내가 살았던가,
한때 내가 사랑했던가,
그 흔적을 위해 시를 쓰는 건지 모르겠다.
그러나 이 또한 얼마 동안 유효할 것인가?
시간의 손아귀에서 천천히 소멸되는
사람의 마음도 이런 형국이다.
믿음과 불신이 한 몸을 이루는
삶의 품에 안기지 못하고
삶을 집요하게 뚫지 못하는
내 시가 슬프다.

2012년 늦가을

이주언

꽃잎고래

2012년 11월 12일 초판 1쇄 찍음
2012년 11월 19일 초판 1쇄 펴냄

지은이 _ 이주언
펴낸이 _ 양동문
펴낸곳 _ 詩와에세이

신고번호 _ 제319-2005-000014호
주소 _ (120-865) 서울시 서대문구 북아현동 1-495 세방그랜빌 2층
대표전화 _ (02)324-7653, 070-8877-7653
팩시밀리 _ 0505-116-7653
휴대전화 _ 010-5355-7565
전자우편 _ sie2005@naver.com
공 급 처 _ 한국출판협동조합
주문전화 _ (070)7119-1741~2
팩시밀리 _ (031)944-8234~6

ISBN 978-89-92470-79-7 03810